Klaus Völker

Quergedacht

Über das Prinzip der kosmischen Faulheit und
andere Phänomene

Books on Demand

Die Deutsche Nationalbibliothek verzeichnet diese
Publikation in der Deutschen Nationalbibliografie;
detaillierte bibliografische Daten sind im Internet über
dnb.d-nb.de abrufbar.

Herstellung und Verlag: Books on Demand GmbH,
Norderstedt

ISBN: 9783839129760

Inhaltsverzeichnis

Über den Zweck dieses Buches

Alles, was wir tun oder lassen, findet innerhalb des Rahmens der allgegenwärtigen Naturgesetze statt. Ob das Gravitationsgesetz von Newton, die Einstein'sche Energie-Masse-Beziehung oder die Heisenberg'sche Unschärferelation – alles bestimmt - ob bekannt oder nicht - die Möglichkeiten und Grenzen unseres Handelns.

Diese Naturgesetze zu verstehen erlaubt uns erst, unsere Handlungsoptionen zu verstehen und selbständig zu erweitern.

Dieses kleine Buch möchte Ihnen auf ganz unkonventionelle Art einige der wichtigsten Prinzipien nahebringen, die unser Sein und Handeln bestimmen.

Für jedes Thema ist genau eine Seite vorgesehen, die Ihnen neue Perspektiven eröffnen und bei der alltäglichen Problemlösung behilflich sein sollen.

Eingestreut sind auch Tipps und Tricks aus meiner langjährigen Erfahrung als Physiker, IT-Spezialist, Naturliebhaber und Träumer, der eine Vision als wichtigsten roten Faden für das eigene Handeln bezeichnen würde.

Die mit diesem Buch verbundene Vision ist die Herausgabe eines echten „schlauen" Buches, wie es Tick,

Trick und Track immer zur Hand hatten und Sie in der Zukunft auch immer bei sich haben sollten.

Klaus Völker, Diplom-Physiker, im Oktober 2009

Warum dieses Buch für mich so wichtig ist:

Mind-Map

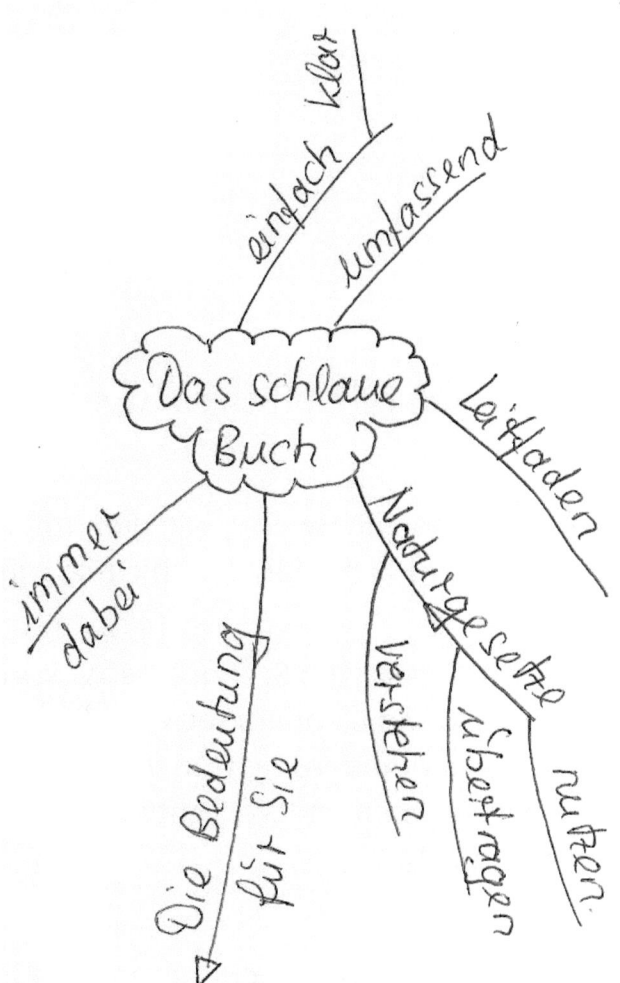

einfach klar

umfassend

Das schlaue Buch

Leitfaden

immer dabei

Naturgesetze nutzen

verstehen

übertragen

Die Bedeutung für Sie

Eine Frage der Sichtweise

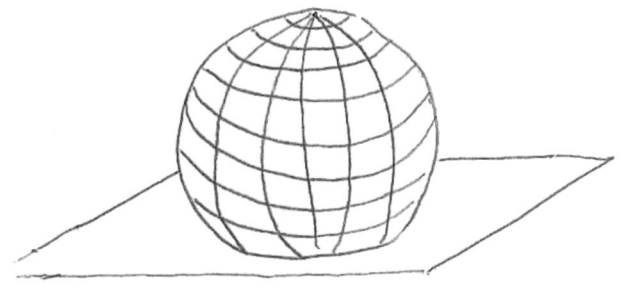

"Die Welt ist einfach so, wie sie ist."

Es ist eine Frage der Sichtweise, wie die Welt erscheint. Sie mag kompliziert wirken oder vielschichtig, rund oder kantig.

Betrachten wir den obigen Satz doch etwas anders, indem wir nur das Komma anders setzen. Eine vergleichsweise kleine Änderung. Und dennoch entsteht dadurch eine vollkommen andere Sichtweise und plötzlich wird alles ganz einfach.

"Die Welt ist einfach, so wie sie ist."

Einfach präsentieren

Gute Präsentationen sind

Knapp – wie dieses Buch, prägnant – auf den Punkt gebracht und authentisch wie Sie selbst.

Beherzigen Sie das alte chinesische Sprichwort: Ein Bild ersetzt tausend Worte.

Sprechen Sie in der Sprache Ihres Publikums.

Ihr Auditorium wird lauter? Reden Sie leiser. In allerkürzester Zeit haben Sie wieder die volle Aufmerksamkeit.

Wenn Sie Ihren Vortrag beenden mit „Haben Sie noch Fragen?", verbleibt bei den meisten Ihrer Zuhörer ein „Nein" als langanhaltender Nachhall im Kopf.

Schließen Sie positiv und offen: „... und nun: Ihre Chance, mir Ihre Fragen zu stellen."

Das Prinzip der kosmischen Faulheit

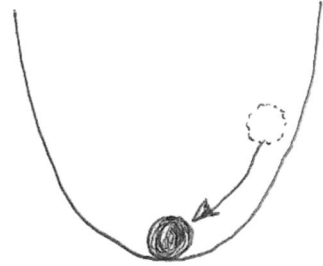

In der Natur strebt alles dem energieärmsten Zustand zu. Dieser Ruhezustand ist auch der Zustand der geringsten Reibung und des geringsten Widerstandes.

Wir Menschen (oder besser: unser innerer Schweinehund) lieben diesen Zustand. Dahinter verbirgt sich nichts anderes als das Prinzip der kosmischen Faulheit. Besser doch als den ganzen Tag wie eine gespannte Feder herumzulaufen.

Der Ruhezustand zeichnet sich aber auch dadurch aus, dass er nicht besonders spannend und aufregend ist.

Wie den inneren Schweinehund überwinden?

Ganz einfach: im Gegensatz zu materiellen Dingen hat der Mensch eine innere Energie, die nur eingesetzt werden muss, um sich aus dem Ruhezustand selbst in Bewegung zu setzen.

Ursache und Wirkung

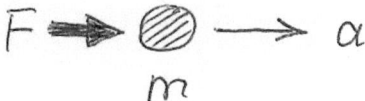

Ein Gegenstand, auf den keine Kraft ausgeübt wird, verharrt in seinem jeweiligen Bewegungszustand.

Wird auf den Gegenstand eine Kraft (F) ausgeübt, setzt der Körper der Beschleunigung (a) die träge Masse (m) entgegen. Dennoch kann er sich – solange die Ursache anhält – der Geschwindigkeitsänderung (Wirkung) nicht entziehen.

Kräfte wirken immer paarweise. Wenn also die Erde den Apfel anzieht, dann zieht umgekehrt der Apfel auch an der Erde.

Dieses Grundgesetz, actio = reactio oder „Wie Du mir, so ich Dir", ist seit jeher eine wesentliche Triebfeder menschlichen Handeln – ob bewusst oder nicht.

Selbst aktiv zu werden, dies können wir Isaac Newton auch entnehmen, bedeutet die eigene Trägheit zu überwinden.

Werden Sie also aktiv, nehmen Sie die Dinge in die Hand.

Beherzigen Sie dabei: alles was Sie tun, hat eine (hoffentlich gewollte) Wirkung; was Sie nicht tun, hat keine.

Raum Für Ihre Skizzen, Ideen und Notizen

Die stärkere Bindung

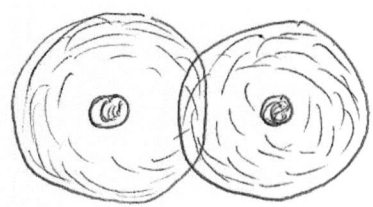

Stellen Sie sich zwei Atome vor, die sich durch Überlappung ihrer Elektronenwolken auf zwei verschiedene Arten miteinander verbinden (so machen die das).

Übertragen Sie dieses Modell auf Ihre Ehe, Partnerschaft oder Freundschaft.

Jeder Beteiligte bräuchte eigentlich nur etwas mehr als 50% der Gesamtverantwortung für die Beziehung zu halten.

Was würde sich ändern, wenn sich jeder für das Ganze (ohne „mein" / „Dein" Ressort) verantwortlich fühlen würde?

Unschärfe

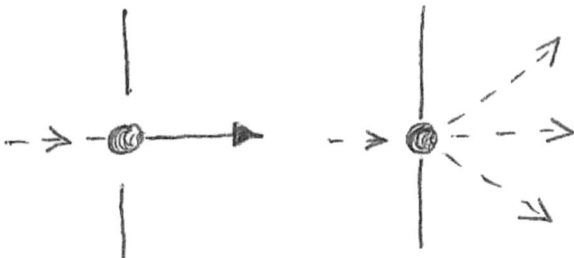

Begeben wir uns in die Welt des Mikrokosmos, in die Welt der Atome und Elementarteilchen.

Dort gilt ein interessantes Gesetz, die Heisenberg'sche Unschärferelation: der Ort und die Geschwindigkeit eines Teilchens lässt sich nicht gleichzeitig exakt messen.

Durch die Einengung des Spaltes, also den Versuch, den Ort exakt zu bestimmen, wird die Geschwindigkeit (deren Richtung) unvorhersehbar – also unscharf.

Ähnliche Phänomene gibt es aber auch in unserer alltäglichen Welt: engt man einen gleichmäßig fließenden Fluss an einer Stelle stark ein, beginnt er zu verwirbeln und zu sprudeln – ohne erkennbare Richtung.

Ein Mensch, zu stark eingeengt, neigt ebenfalls zu unvorhersehbarem Handeln. Allerdings haben wir die Fähigkeit, aus uns selbst heraus die Richtung zu bewahren!

Quergepeilt

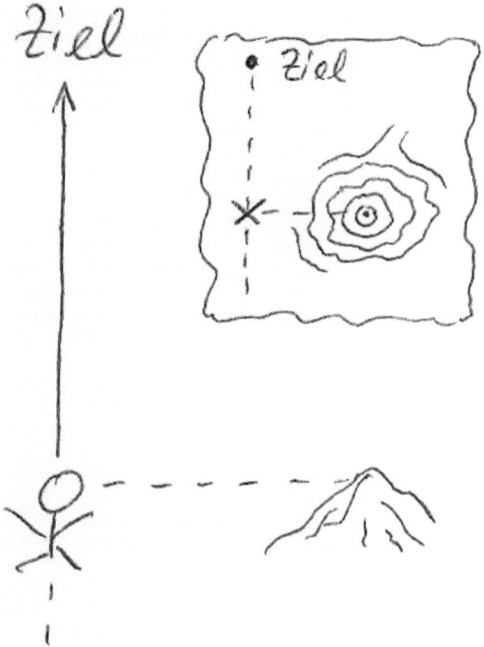

Sie haben Ihr Ziel im Auge, wissen aber nicht, wie weit Ihr Weg noch ist?

Schauen Sie rechts und links, also querab, und suchen Sie eine Landmarke. Übertragen Sie dies auf eine Karte, haben Sie sofort Ihren Standort.

Diese Art Standortbestimmung sollten Sie öfters vornehmen: schauen Sie, was rechts und links von Ihnen passiert, während Sie gleichzeitig Ihr Ziel im Auge behalten.

Raum Für Ihre Skizzen, Ideen und Notizen

Raumkrümmung

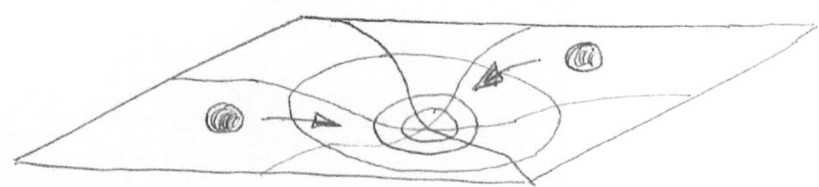

Heute verstehen wir die Krümmung des Raumes als die Ursache der Gravitationskraft, jener unendlich reichweitigen Kraft, die das Universum zusammenhält.

Wenn der Apfel vom Baum auf den Boden fällt, dann folgt er in Wirklichkeit der Krümmung des Raumes, welche durch die Masse der Erde verursacht wird.

Aber woher weiß das der Apfel? Er weiß es nicht und ist – wie wir alle – dennoch den Naturgesetzen unterworfen. Der Apfel fällt einfach.

Immerhin sind wir in der Lage, durch geeignete Modellbildung das Verhalten unserer Umgebung zu erklären.

Wir verstehen nun, warum Geld Geld anzieht, wie es überhaupt zu Anhäufungen kommt. Die Anhäufung selbst verstärkt die Krümmung des Raumes (deformiert ihn), diese vergrößert die Anhäufung, welche den Raum weiter krümmt ...

Weitere Ursachen für Wirtschaftskrisen gibt es nicht.

Verirrt?

Sollten Sie einmal die Orientierung verloren haben, nehmen Sie einfach Ihre Uhr zur Hand.

Die Sonne scheint immer. Auch bei Bewölkung lässt sich am Tag, z.B. mit einem Bleistift ein zarter Schatten ausmachen und sich damit die Richtung zu Sonne bestimmen.

Halten Sie den kleinen Zeiger in Richtung Sonne, dann zeigt die Winkelhalbierende immer nach Süden. Um 18:00 Uhr Ortszeit steht die Sonne demnach genau im Westen.

Energie-Erhaltung

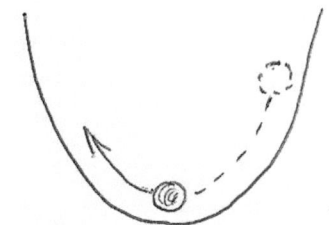

Ein Körper, der sich aus einer erhöhten Position heraus im Schwerefeld nach unten bewegt, nimmt Geschwindigkeit auf. Diese erreicht im untersten Punkt ihr Maximum, um daraufhin wieder abzunehmen zugunsten der wieder erklommenen Höhe.

Wäre keine Reibung vorhanden, würde diese Bewegung ewig währen.

Aber in der Gesamtenergiebilanz tritt auch noch eine Energieform auf, die meistens nicht berücksichtigt wird: die *innere Energie*.

Was wäre, gelänge es uns, die innere Energie anzuzapfen und in die Bilanz einzubringen?

Also: raus aus den Pantoffeln, die innere Energie nutzen und den Tag gewinnen.

Ungeahnte Höhen sind damit erreichbar.

Raum Für Ihre Skizzen, Ideen und Notizen

Wahrscheinlichkeit

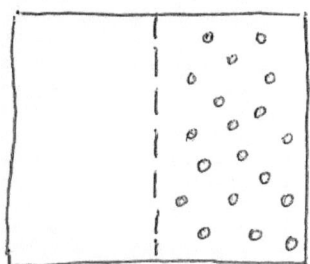

Betrachten wir ein geschlossenes System, das durch eine durchlässige Membran in zwei Bereiche aufgeteilt ist und in dessen rechtem Teil sich eine bestimmte Sorte Teilchen befindet.

Über die Zeit werden sich alle Teilchen gleichmäßig über beide Bereiche verteilen. Dies ist der wahrscheinlichste Zustand.

Nun schütteln wir das System und hoffen, irgendwann wieder den Anfangszustand zu erhalten - vergebens.

Sie können aber die äußerst geringe Wahrscheinlichkeit des Anfangszustandes erhöhen, indem Sie eine Membran einbauen, die Teilchen nur von links nach rechts durchlässt.

Übertragen bedeutet dies: Verändern Sie die Rahmenbedingungen zugunsten Ihres Erfolges.

Kreativität

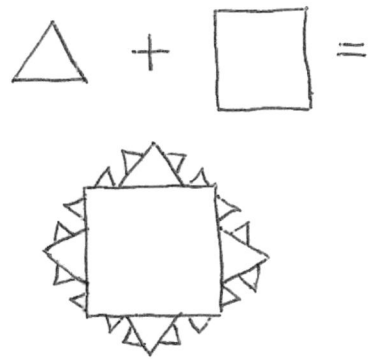

Es ist viel einfacher, ein neues innovatives Produkt zu entwickeln, wenn Sie zwei bestehende Dinge einfach zu etwas neuem kombinieren.

Durch ein ganz einfaches Konstruktionsprinzip wie die Kombination von Dreiecken und einem Viereck entsteht ein völlig neues schneeflockenartiges Gebilde.

Das Telefon hätten Sie auf diese Weise auch erfinden können. Nehmen Sie jeweils ein Mikrophon und einen Lautsprecher, verbinden Sie beides mit zwei Drähten, bauen Sie eine Muschel drum herum. Fertig.

Jetzt müssen Sie die neue Erfindung nur noch verkaufen.

Das ist die eigentliche Herausforderung.

Das Chaos auf dem Schreibtisch

Ein nicht ganz ernst zu nehmendes Essay mit einem Körnchen Wahrheit.

Vor Jahren hielt ich an der Volkshochschule zu Wiesbaden einen Kurs über Chaostheorie. Eine Teilnehmerin fragte zu Beginn: "Lerne ich in Ihrem Kurs, das Chaos auf meinem Schreibtisch in den Griff zu bekommen?". Ich antwortete: "Sie werden nicht lernen, Ordnung zu halten - aber Sie werden einen ganz neuen Blick auf Unordnung (das Chaos) als Quelle von Kreativität gewinnen."

Fragende Gesichter blickten mich an.

In geschlossenen Systemen nimmt die *Entropie* (das Maß für Unordnung) immer zu. Will man diesem Trend Einhalt gebieten, muss von außen Energie zugeführt werden. Energie und Entropie sind also gewissermaßen konträr.

Ein sich selbst überlassener Schreibtisch folgt immer dem Gesetz der Entropie: die Unordnung nimmt von Tag zu Tag zu. Aufräumen fällt schwer - und kostet sichtlich Energie.

Es gibt Menschen, die haben immer einen aufgeräumten Schreibtisch. Wahrscheinlich ist er sogar so aufgeräumt, dass er leer ist. Nun stellen Sie sich vor, an einem solchen Schreibtisch zu sitzen und kreativ arbeiten zu wollen. Nehmen Sie ein leeres Blatt - mit Sicherheit bleibt es lange leer. Wie lange wollen Sie auf die Eingebung warten?

Stellen Sie sich nun das Gegenteil vor: einen über und überquellenden Schreibtisch. Wenig Energie haben Sie bislang in das Erhalten von Ordnung gesteckt. Plötzlich überkommt es Sie - Aufräumen! Das was Sie auf dem Schreibtisch vorfinden, ist das Sinnbild des Chaos (dieses Chaos hat übrigens seine versteckte Ordnung, denn bislang haben Sie noch jedes Dokument gefunden). Nun stecken Sie vermittels Aufräumen spontan Energie in das System maximaler Entropie, zu dem sich Ihr Schreibtisch entwickelt hat. Siehe da, da werden Dokumente zutage gefördert, die Sie bei ordentlicher Ablage zeitlebens nicht mehr angeschaut hätten. Eine längst verschüttete Idee in Ihrem Kopf wird neu geboren.

Nichts ist mehr geeignet, neues auf den Weg zu bringen als das Chaos. Vermeintlich chaotische Systeme haben nämlich den Drang zu spontanen Zustandsänderungen. Dabei entsteht eine neue Ordnung. So erzeugt denn auch das spontane Aufräumen einen neuen, kreativitätsfördernden Zustand des Schreibtischs. Systeme in einem Zustand von Ordnung entwickeln sich dagegen

langsam - oder gar nicht, wie der immerwährend
aufgeräumte oder gar leere Schreibtisch zeigt.

Das Leben selbst entspringt chaotischen Strukturen. Es
wird immer wieder neu geboren - aus dem Staub, zu dem es
an seinem Ende dem Gesetz der Entropie folgend wird.
Damit schafft es Platz für neues Leben. Alles endet
letztendlich im Zerfall. Nur der Einsatz von Energie kann
diesen Prozess aufhalten. Da die uns zur Verfügung stehende
Energie aber begrenzt ist, sollten wir sie nicht in das tägliche
Aufräumen unseres Schreibtischs verschwenden, welches
den Zustand der Ordnung nur erhält, aber keine neue
Ordnung schafft.

Lassen Sie also Raum für Unordnung und damit Raum für
Spontanität, Kreativität und die Entstehung neuer sowie die
Weiterentwicklung alter Ideen. Lassen Sie das Chaos auf
Ihrem Schreibtisch einfach wachsen, um gelegentlich
spontan aufzuräumen.

Sie werden staunen ...

Raum Für Ihre Skizzen, Ideen und Notizen

Knoten

Einer der ersten Knoten, welche man in der Segelschule lernt, ist der Achtknoten.

Mit diesem lassen sich zwei lose Enden ganz einfach verbinden.

Im Gegensatz zu vielen komplizierten Knoten wie dem Palstek, die dem erfahrenen Seemann in Fleisch und Blut übergehen, zeichnet sich dieser dadurch aus, dass er

- Einfach und wirkungsvoll
- Symmetrisch
- Und ästhetisch schön ist.

Grund genug, ihn als *den* Knoten zu bezeichnen.

Nehmen Sie zwei am besten verschieden farbige Enden zur Hand – Sie werden staunen.

Maßstäbe

Stellen Sie sich vor, Sie müssten die Länge einer Küstenlinie messen.

Das Ergebnis hängt dabei ganz von der Länge des verwendeten Maßstabes ab.

Je kleiner Sie den Maßstab wählen, desto genauer können Sie den Details der Küstenlinie (der mit kleinerem Maßstab wachsenden Zerklüftetheit) folgen.

Sie werden auch eine neue Eigenschaft entdecken, die der *Selbstähnlichkeit*, die in der Chaostheorie eine wichtige Bedeutung spielt.

Überlegen Sie, wo sich in der Natur bestimmte Muster über viele Größenordnungen hinweg wiederholen.

Kommunikation

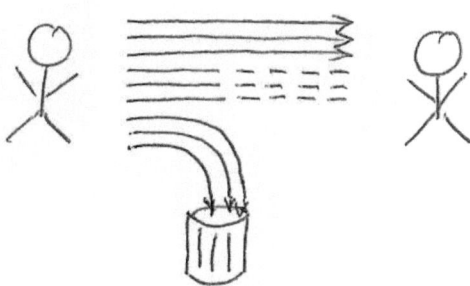

Es gibt viele (komplizierte) Sender-Empfänger-Modelle, die den Austausch von Information beschreiben.

Wesentlich ist jedoch nur, dass

- immer nur ein Teil der Information ankommt
- ein Teil verändert wird
- ein Teil der Information direkt verworfen wird.

Mehr muss man gar nicht wissen.

Die alten Römer hatten übrigens ein wirkungsvolles Verfahren entwickelt, um eine korrekte Informationsweitergabe sicherzustellen: durch Wiederholung bzw. Rückspiegelung (Reflexion).

Lassen Sie Ihr Gegenüber (Ihren Geschäftspartner) in eigenen Worten das Übermittelte (den Auftrag) wiederholen oder aufschreiben.

Raum Für Ihre Skizzen, Ideen und Notizen

Komplexität

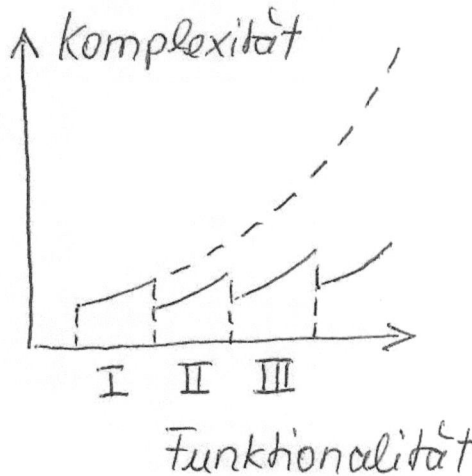

Die Gesamtkomplexität eines Systems (eines IT-Systems, eines Projektes oder Ihrer Arbeit) wächst mit dem Funktionsumfang – nicht linear, exponentiell.

Mit der Komplexität gehen eine wachsende Fehlerwahrscheinlichkeit und abnehmende Steuerbarkeit einher.

Was also tun, um die Komplexität zu verringern?

Zerlegen Sie das Problem in kleinere Blöcke, die zwar alle die gleiche Charakteristik der Komplexität innehaben, aber insgesamt zu einer geringeren Komplexität führen.

Stabilität

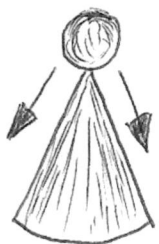

Das oben dargestellte System ist nicht gerade durch Stabilität gekennzeichnet. Der labile Zustand ist äußerst anfällig gegen kleinste Störungen und kann dabei viel größere Wirkung erzeugen.

In der Chaostheorie ist zum geflügelten Wort geworden, dass unter bestimmten Umständen der „Flügelschlag eines Schmetterlings in China" eine große Wirkung an ganz anderer Stelle auf dem Erdball haben kann.

Die Bewegung der Kugel bleibt daher genauso unvorhersehbar wie das Wann.

Damit müssen wir uns einfach abfinden.

Seltene Ereignisse

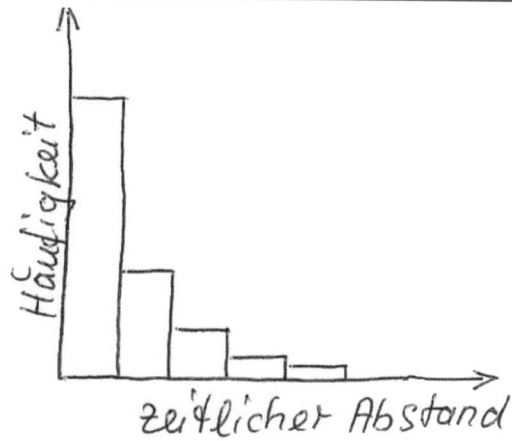

Katastrophen oder ähnliche – glücklicherweise – seltene Ereignisse treten, wenn sie eintreten, scheinbar gehäuft auf.

In der Tat folgen seltene Ereignisse einer bemerkenswerten Intervallverteilung. Kurze Zeiträume zwischen zwei Ereignissen sind häufiger als große zeitliche Abstände.

Dies wussten schon unsere Urahnen, wenn sie feststellten:

Ein Unglück kommt selten allein.

Raum Für Ihre Skizzen, Ideen und Notizen

Wahrnehmung

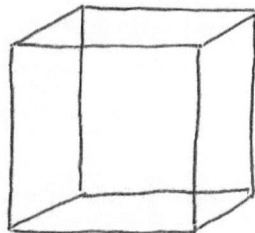

Betrachten Sie diesen Würfel, so werden Sie nach einer gewissen Zeit ein interessantes Phänomen wahrnehmen: der Würfel wechselt seine Perspektive.

Da der Würfel aber der gleiche geblieben ist, spielt uns das Gehirn einen Streich.

Warum sollte das Gehirn das tun?

Der Mensch hat eine erstaunliche Eigenschaft, die im Unterbewusstsein stattfindet: Dieses strebt immer nach Neuem und sucht nach immer neuen Perspektiven.

Diese uns angeborene Neugier ist eine Quelle von Kreativität und Innovation. Nutzen Sie die Fähigkeit, Dinge – bewusst - aus verschiedenen Perspektiven zu betrachten.

Die 80/20-Regel

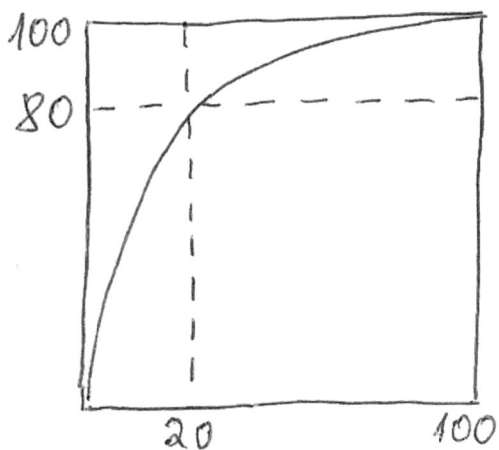

20 Prozent der Bevölkerung besitzen 80 Prozent des Vermögens – in 20 Prozent der Städte wohnen 80 Prozent der Bevölkerung – in 20 Prozent der Länder 80 Prozent der Weltbevölkerung.

Das auf dieser Feststellung beruhende Pareto-Prinzip, auch 80:20-Regel genannt, ist erstaunlich unabhängig von Skalen, d.h. der Größe des betrachteten Systems.

Es bedeutet auch: 80 Prozent des Ergebnisses eines (beliebigen) Vorhabens erreicht man mit 20 Prozent des Aufwandes. Die weitergehende Verfeinerung bis zur Fertigstellung benötigt dann ungleich mehr Aufwand.

Geben Sie sich daher – wenn möglich – mit einer 80%-Lösung zufrieden.

Selbstverstärkung

Neulich betrachtete ich in aller Stille einen Teich mit einer großen Zahl von Goldfischen.

Plötzlich stoben alle Fische in eine bestimmte Richtung, ausgelöst von einer kleinen aufsteigenden Luftblase.

Ein Fisch muss als erster die Störung wahrgenommen haben. Während er eine bestimmte Fluchtrichtung einschlug, übertrug sich sein Verhalten auf die anderen Fische (durch welche Art von Kommunikation auch immer), welche in gleicher Richtung und gleichem Abstand folgten.

Diese kleine Störung veranlasste alle Fische, sich wie ein großes Lebewesen zu verhalten. Aus einer kleinen Störung wurde die kollektive Fluchtbewegung eines ganzen Schwarms.

Raum Für Ihre Skizzen, Ideen und Notizen

Der kürzeste Weg

Stellen Sie sich vor, an einer Weggabelung zu stehen. Sie wissen nicht, welcher Weg zu Ihrem Ziel hinter dem Berg führt.

Sie entscheiden sich nun, den Weg nach rechts einzuschlagen. Mit der Zeit stellen Sie fest, dass der Weg immer mühseliger und schwieriger wird.

Treffen Sie die Entscheidung, umzukehren?

Sie wissen nicht, ob der linke Weg zum Ziel führt, aber eines ist sicher: im ungünstigsten Fall gehen Sie die dreifache Wegstrecke.

Bleiben Sie daher auf dem einmal eingeschlagenen Weg.

Die Entstehung des Universums in Bildern

Am Anfang ist Nichts, weder Raum,
noch Zeit, noch Materie.

Doch die Leere, das Vakuum, ist erfüllt von Schwingungen

„Zufällig" erhebt sich ein Quant aus dem Vakuum ...

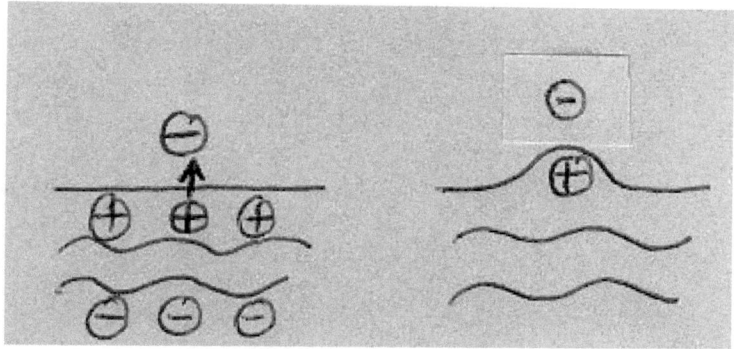

Das Vakuum polarisiert sich ...

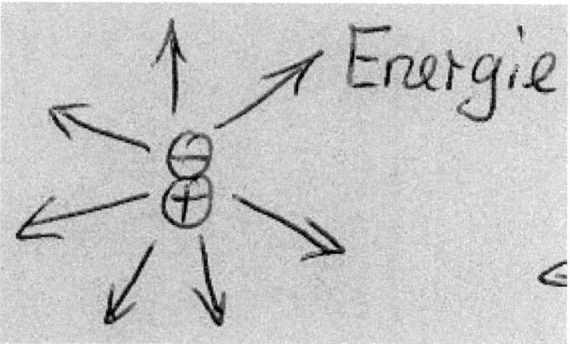

Materie und Antimaterie verschmelzen
zu reiner Energie ...

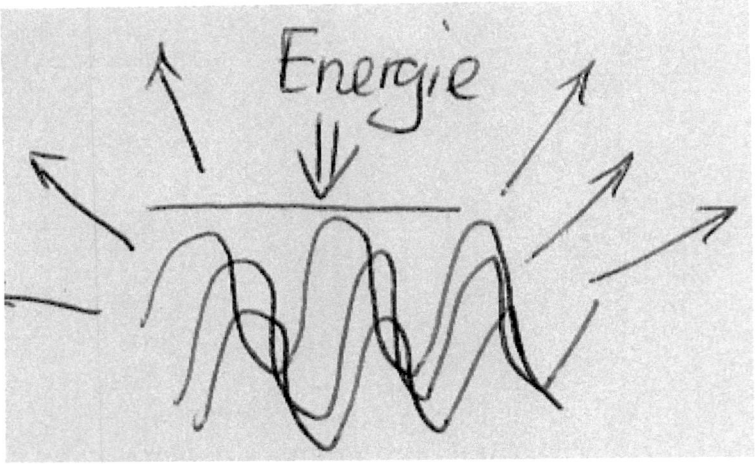

Das Vakuum gerät in Resonanz ...

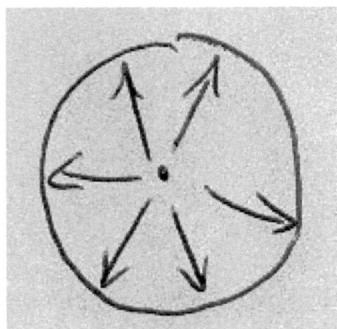

Das Weltall bläht sich auf und erhitzt sich ...

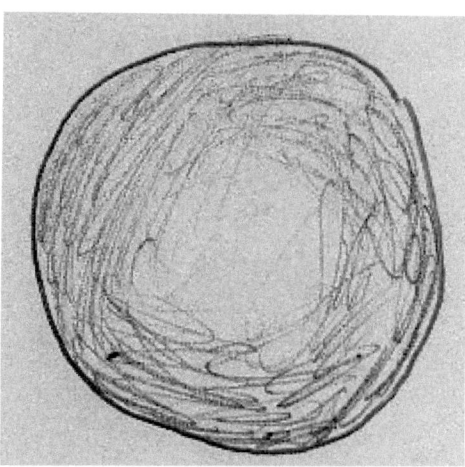

Vor 15 Milliarden Jahren entsteht das Universum, unvorstellbar heiß und vollkommen isotrop.

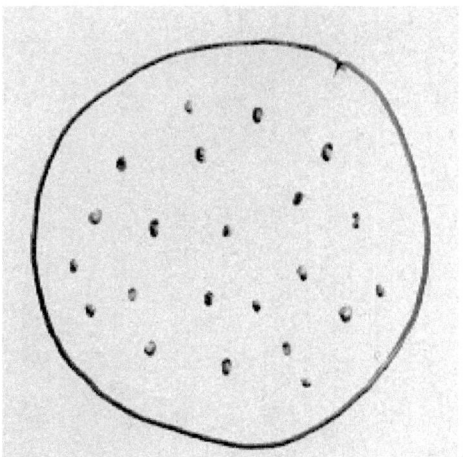

Materie und Antimaterie vernichten sich gegenseitig und erzeugen dabei Energie. Ein winziger Überschuss an Materie verbleibt ...

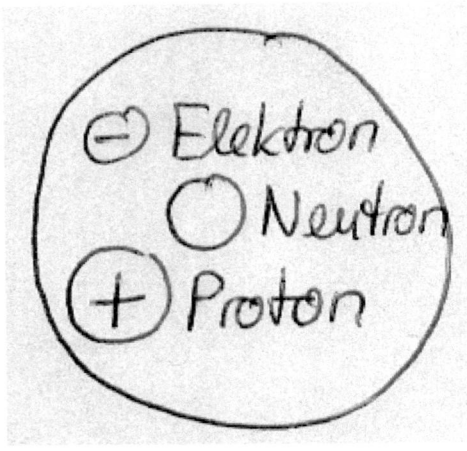

Elementarteilchen entstehen, Raum und Zeit nehmen
Form an.

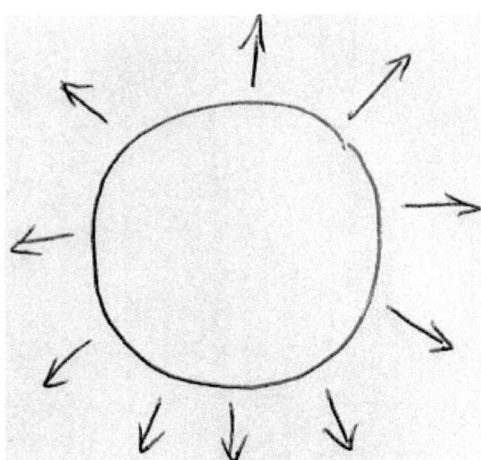

Das Universum dehnt sich weiter aus
und kühlt dabei ab ...

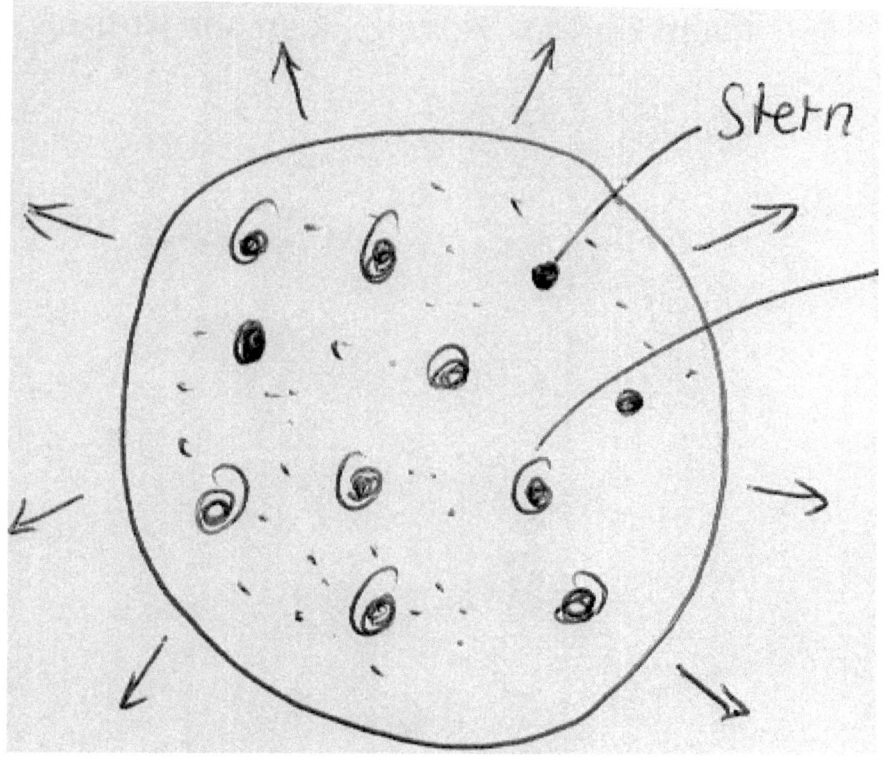

Die Materie kondensiert unter dem Einfluss der Gravitation.

Sterne entstehen und vergehen wieder, schleudern Materie aus, die von anderen Sonnen eingefangen wird und sich zu Planeten verdichtet.

So entsteht auch die Erde.

Raum Für Ihre Skizzen, Ideen und Notizen

Quergedacht

Es geht bei diesem Buch nur am Rande um die eigentlichen physikalischen Grundgesetze. Es geht darum, zu lernen, wie man bestimmte Kenntnisse aus ihrem Kontext heraushebt und in einem völlig anderen Geltungsbereich zur Anwendung bringt.

Mit der Fähigkeit, quer oder assoziativ zu denken, ist Ihnen die Lösung des Bildrätsels auf der Titelseite sicher ganz leicht gefallen.

Ich wünsche Ihnen viel Erfolg mit Ihrem neuen schlauen Buch, das Sie bestimmt immer bei sich haben werden und welches Ihnen immer neue Anregungen und Impulse geben wird.

Von der Schwerkraft des Geldes

Die wohl auffälligste Analogie zwischen Geld und Schwerkraft ist die, dass es sich bei beiden um *anziehende* Kräfte handelt. Eine Abstoßung wurde im Falle der Schwerkraft noch nie, im Falle des Geldes nur sehr selten beobachtet.

Die Anziehung des Geldes wird wie die Schwerkraft mit zunehmender Entfernung schwächer, doch reicht sie prinzipiell bis ins Unendliche. Einmal in der Reichweite des Menschen, tut dieser alles, um den *Abstand zu verkürzen* und das Geld zu erlangen – wie jeder Körper im Gravitationsfeld des anderen.

In der Umgebung des Geldes passieren erstaunliche Dinge. So wie die Schwerkraft nach Einsteins allgemeiner Relativitätstheorie den Raum *krümmt*, wird auch das Verhalten des Menschen durch Geld verzerrt. Manchen krümmt die Plackerei fürs Geld den Rücken, anderen bricht es das Rückgrat, wiederum anderen verdirbt es vollends den Charakter.

Selbst in seinem dynamischen Verhalten gleicht Geld der Schwerkraft: *Geld zieht Geld an.* Dabei wächst die Anziehungskraft mit der Menge des bereits vorhandenen Geldes. Dieser Effekt führt zu einer globalen Verteilung des

Geldes, die nicht homogen ist, sondern ausgeprägte Zentren enthält. Das Geld, das in diese Zentren fließt, wird natürlich der Umgebung entzogen, wodurch diese ausdünnt. Würde man eine Karte der räumlichen Verteilung des Geldes zeichnen und mit dem nächtlichen Sternenhimmel vergleichen, würde man eine erstaunliche Ähnlichkeit feststellen. Das Universum selbst, anfänglich homogen, hat sich unter dem Einfluss der Schwerkraft zu dem entwickelt, was es heute ist: ein Raum mit weitgehender Leere und einigen wenigen großen Materieansammlungen.

Geld hat auch erstaunliche Eigenschaften in Hinblick auf die Zeit. Solange der geldgierige Mensch für seinen eigenen Maßstab zu wenig besitzt, ist sein Leben von Hast und Hetze erfüllt. Erst mit Erreichen eines bestimmten Quantums Geld tritt eine zunehmende Ruhe im Bestreben ein, noch mehr Geld zu besitzen (nicht bei allen, aber bei den meisten). Nun kann der Mensch sich genüsslich auf die faule Haut legen. Dieses Verhalten entspricht dem Prinzip der *kosmischen Faulheit:* ein Körper bewegt sich immer so, dass die relativistisch betrachtete Eigenzeit verglichen mit allen anderen Wegen maximal wird. Ein Körper folgt in der Umgebung eines anderen der Krümmung des Raumes – er geht den Weg des geringsten Widerstandes (wie wohl die meisten Menschen) – und bewegt sich deshalb auf diesen , weil mit zunehmender Schwerkraft die Zeit *gedehnt* wird. So ist es auch dem Menschen ein Bestreben, möglichst viel Geld zu besitzen, um dadurch vermeintlich mehr Zeit zu haben.

Dies ist natürlich ein Trugschluss, denn die Relativitätstheorie lehrt uns, dass es keinen absoluten Zeitgewinn geben kann – es sei denn, man befände sich in einem *schwarzen Loch*. So könnte denn auch das Bestreben des Menschen in einem solchen enden ...

51

Register →

Register

Raum Für Ihre Skizzen, Ideen und Notizen

Raum Für Ihre Skizzen, Ideen und Notizen